AF197634

Gregor Höfkens

# Der praktische Champignonzüchter

## Der kleine Helfer für Pilzzüchter

Copyright: © 2015 Gregor Hökens
Umschlaggestaltung & Satz: Erik Kinting

Verlag: tredition GmbH, Hamburg
Printed in Germany

Das Werk, einschließlich seiner Teile, ist urheberrechtlich ge-
schützt. Jede Verwertung ist ohne Zustimmung des Verlages
und des Autors unzulässig. Dies gilt insbesondere für die elek-
tronische oder sonstige Vervielfältigung, Übersetzung, Verbrei-
tung und öffentliche Zugänglichmachung.

Bibliografische Information der Deutschen Nationalbibliothek:
Die Deutsche Nationalbibliothek verzeichnet diese Publikation
in der Deutschen Nationalbibliografie; detaillierte bibliografische Daten sind im Internet über http://dnb.d-nb.de abrufbar.

# Inhaltsverzeichnis

# Vorwort:

Voll Interesse verschlang ich eine Anleitung zur Pilzzucht und entschloss mich sofort, es auch einmal zu versuchen. Zu diesem Zeitpunkt ahnte ich noch nicht, dass mich dieses Thema in den nächsten Jahren nicht mehr loslassen würde.

Damals begannen meine Schwierigkeiten aber schon mit der Beschaffung des Materials. Sporen oder gar Myzel auf Agar waren zu dieser Zeit so gut wie nicht erhältlich. Und als es mir nach langem Suchen endlich gelang, lebendes Myzel aufzutreiben, wähnte ich mich im siebten mythologischen Himmel, denn hier auf den Philippinen, wo ich lebe, ist es sehr warm, 28 °C jeden Tag; einen Winter gibt es nicht.

Aber erst einmal musste ich bittere Medizin schlucken: In den nächsten zwei Jahren sah ich vor allem Schimmel und Bakterien in den buntesten Farben, meine Kulturen zerstören. Doch langsam entwickelten sich meine Kenntnisse und Fähigkeiten weiter. Eine Vielzahl kleiner Tricks und Kniffe, die ich nach und nach herausfand, machten mir das Leben immer leichter und ließen mich bei der Pilzzucht immer erfolgreicher werden.

Nachdem ich mit dem Anbau der Psilocybin-Arten halbwegs zurechtkam, erwachte in mir das Interesse an der Zucht anderer Pilze. Champignons, Austernpilze und Osterpilze. Heute zutage sind Pilze in der Küche oder auf dem Speiseplan durch ihre Vielfalt sehr gefragt durch die enthaltenen Mineralien eine sehr Gesunde und leckere Abwechslung. Die Shiitake-Pilze werden z. B. zur Senkung des Cholesterins verwendet.

Gemüse zu essen ist gesund, weil sie kalorien- und fettarm sind sowie reich an Mineralien, Vitaminen und Ballaststoffen – so wie Champignons. Deshalb zählen diese auch zu den empfohlenen 200 Gramm Gemüse, die man pro Tag essen sollte. Bei manchen Nährwerten schneiden Champignons besser ab als andere Gemüse. Kein Wunder also, dass Pilze manchmal auch *Supergemüse* genannt werden. So sind Champignons eine wichtige Quelle für Vitamin B2, Vitamin B3, Folsäure und die Mineralien Kalium und Phosphor. Außerdem sind Champignons reich an Ballaststoffen und Kupfer. Mit 100 Gramm Champignons haben Sie bereits 30 Prozent der täglich benötigten Kupfermenge abgedeckt.

Auch der Eiweißgehalt von Pilzen ist außergewöhnlich hoch. Er liegt zwischen dem von Pflanzen und Fleisch. Damit sind Champignons ein vollwertiger Fleischersatz als Eiweißlieferant.

Wegen ihres hohen Nährwerts sind Champignons immer eine wertvolle Ergänzung jeder Mahlzeit und eine schmackhafte Art, mehr Gemüse zu essen.

Vitamin B2 ist für den Stoffwechsel und für die Freisetzung von Energie aus Kohlehydraten, Eiweißen und Fetten wichtig und sorgt für eine gesunde Haut.

Vitamin B3 hilft Ihrem Körper Energie aus der Nahrung zu schöpfen.

Champignons enthalten auch das Provitamin D, was für Gemüse ungewöhnlich ist. Durch Sonneneinstrahlung wird das Provitamin D im Körper zum Vitamin D. Dieses ist wichtig für die Speicherung von Kalzium und Phosphor und schützt vor Osteoporose.

Folsäure wird beim Wachstum und bei der Herstellung von Blut benötigt und eines der wenigen Vitamine, von denen wir über die Nahrung durchschnittlich zu wenig zu uns nehmen.

Kalium ist für einen gesunden Blutdruck und für eine gute Muskel- und Nervenfunktion wichtig.

Phosphor wird für gesunde Knochen und Zähne und für den Energiestoffwechsel im Körper benötigt.

Ballaststoffe sind für einen guten Stuhlgang unabkömmlich und verleihen ein Sättigungsgefühl, wodurch man weniger schnell wieder Appetit bekommt. Auch helfen Ballaststoffe mit, den Zucker- und Fettgehalt im Blut gesund zu stabilisieren.

Kupfer ist für ein gut funktionierendes Abwehrsystem wichtig.

Zugegeben: Es ist nicht ganz einfach, sich seine eigenen Pilze zu züchten, wenn man nur Sporen, ein wenig Myzel, oder einen Pilz als Ausgangsmaterial zur Verfügung hat. Aber ungleich interessanter als der Kauf von Fertigpackungen ist die richtige Pilzzucht auf jeden Fall. Langfristig billiger ist sie auf diese Weise sowieso. Und nicht zuletzt: Von den meisten prinzipiell züchtbaren Pilzarten kann man überhaupt keine Fertig-Sets kaufen.

Hat man endlich seine ersten selbst angebauten Pilze vor sich und die grundlegenden Techniken gemeistert, dann kann es losgehen mit den Versuchen; zahllose Pilzarten warten noch auf ihre Kultivierung. Einige der gefragtesten Pilzarten gelten übrigens als unzüchtbar, so z. B. Steinpilz und der Pfifferling.

Die Zucht von Morcheln beherrschen weltweit nur einzelne Züchter. Aber bevor man sich an solche fortgeschrittenen Experimente wagt, muss man natürlich die Grundlagen beherrschen. Und die vermittelt dieses Buch.

# Einleitung:

Ehe ich mich entschloss dieses Buch zu schreiben, und meine Erfahrungen, die ich mit dem Züchten der Champignon-Oysterpilze hier auf den Philippinen, bei Wärme und hoher Luftfeuchtigkeit, gemacht habe, sind schon eine Menge von Büchern mit Anleitungen zur Champignonzucht im Buchhandel erschienen. In allen Fachzeitschriften finden sich regelmäßig wiederkehrende längere oder kürzere Abhandlungen zu diesem Thema und jeder Samenhändler und Champignonzüchter, der Champignonbrut verkauft, legt seinen Aussendungen Champignonkultur-Anleitungen kostenlos bei. An theoretischem Material zum Erlernen der Champignonkultivierung fehlt es also nicht.

Wer sich der Anzucht dieser Speisepilze zu Erwerbszwecken oder aus Liebhaberei zuwenden will stellt dennoch fest, dass angelegte Champignonkulturen Misserfolge zeitigen und deshalb wieder aufzugeben werden müssen. Das hat natürlich Gründe. Als ich in China war, habe ich mir dort bei einer Spezialfirma, die ganze Anlagen zur Champignonzucht verkauft, umgeschaut und war sehr beeindruckt. Man sagte mir, dass sie auch nach Holland und Deutschland verkaufen. Durch die ständige Wärme auf den Philippinen ist es schwierig, große Mengen von Champignons oder Oysterpilzen zu produzieren, durch die Anlage wäre es einfacher, da immer eine konstante Idealtemperatur erzeugt wird, das führt zu einer besseren Entwicklung.

Die braunen Pilze sind übrigens kräftiger im Geschmack, ertragreicher und widerstandsfähiger gegen Krankheiten als die weißen.

8

## Wo sich Champignons züchten lassen

Der Champignon siegelt sich überall an, wo er Nährboden findet. Sobald diese im Kulturraum unter 10 °C fällt oder über 25 °C steigt, hört das Wachsen und Gedeihen des Pilzes auf. Bei Temperaturen von 28 °C, wie sie auf den Philippinen herrschen, braucht man eine sehr gute Kühlanlage in den Räumen, damit überhaupt eine Züchtung möglich ist, denn die Pilze werden bei mehr als 21 °C schnell anfällig oder dünnhäutig und für den Gebrauch oder Verkauf unbrauchbar. Bei Kälte wachsen Sie sehr gut, dafür müssen aber bei der Ernte wiederum Räume vorhanden sein, die Wärmer sind, damit es zufriedenstellende Ergebnisse gibt. Sehr empfindlich ist der Champignon gegenüber Nässe.

Wenn man dieses alles beachtet, erhält man eine gute Ernte und einen zufriedenen Kunden.

## Die Brut, die man braucht

Die Grundlage für den Erfolg einer Brutzucht ist eine gesunde, kräftige Champignonzucht als Ausgangsbasis. Die richtige Auswahl ist entscheidend, was man aber mit der Zeit des Ausprobierens lernt.

## Wie eine Champignonbrut entsteht

Der Champignon vermehrt sich wie alle Pilze über Sporen. Die Sporen sind staubfein in einer großen Anzahl in den Sporenlagern enthalten und fallen nach der Reife zu Boden. Sie gehen zum größten Teil zugrunde, da sie, um überhaupt erst mal keimfähig zu werden, einen Prozess durchmachen müssen, der in der freien Natur nur in den seltensten Fällen funktioniert. Die, bei denen es klappt, werden idealerweise von Tieren gefressen und gelangen, wenn dann noch die Keimfähigkeit erhalten ist, über die Ausscheidung auf den geeigneten Keimboden und bildet sich weiter. In Holland wird z. B. mit Pferdemist als Dünger gearbeitet.

Die keimfähigen Sporen entwickeln sich sehr schnell und so entstehen dann die weißen Fäden, die wie Spinngewebe in großen Mengen den Nährboden durchwachsen. Derartigen, mit Champignonfäden durchgezogenen Nährboden (also z. B. Pferdemist, wie bei den Holländern) nennt man *Champignonbrut*. Diese ist lange haltbar. In einem kühlen Raum entwickelt sich die hochwertige frische Brut durch Befeuchten mit Wasserdampf weiter. Wächst sie dann an, entwickelt sich die Champignonbrut zu dem, was man später dann als *Speisepilze* bezeichnet.

Ist die Brut direkt aus Sporen entstanden, wie oben geschildert, so nennt man diese, da sie noch keine Speisepilze getragen hat, *Jungfernbrut* oder *Urbrut*. Das Pilzmyzel lässt sich aber auch auf ungeschlechtlichem Wege, also nicht allein durch Sporenaussaat vermehren. Es hat die Fähigkeit zum Weiterwuchern auf dem Nährboden auch dann noch, wenn es schon Champignon getragen hat. Es kann bei sachgemäßer Behandlung erneut Champignons hervorzubringen. Man muss also nichts weiter machen als den Nährboden (Dünger, Pferdemist) der abgeernteten Beete, der vollständig mit Pilzmyzel durchgezogen ist, zu trocknen und hat dann wieder frische Brut, die nichts kostet, zur Verfügung.

Das kann eine tolle Sache sein und praktisch, aber man muss auch an die Kehrseite denken. Mit derartiger Brut angelegte Beete lassen nämlich im Ertrag nach und liefern um so weniger geringere Pilze, je öfter man die Vermehrung der Brut auf diesem Wege vollzogen hat. Dadurch kann die Treibkraft der Brut aufhören. Die Pilzfäden bilden sich weiter im Nährboden, aber pflanzlich gesehen entstehen keine Fruchtkörper mehr, höchstens noch vereinzeln.

Ein Experte erkennt bereits an der Struktur der Pilzfäden deren Qualität bzw. Ertragsstärke: Je feiner und spinnwebartiger die Pilzfäden in der Brut sind, desto besser und geeigneter sind sie im Allgemeinen zur Anlage von Champignonkulturen. Sind die Pilzfäden besonders stark und sehen aus wie Gehölz, stammen sie vermutlich aus einer älteren Brut; so was sollte man sich beim Kauf nicht andrehen lassen, denn am Ende ist der Schaden größer als der Nutzen.

Wer bereits Beete einer guten und ertragreichen Champignonsorte besitzt; tut stets am besten daran, sich die benötigte Brut selber heranzuziehen; man spart sehr viel Geld und kann sicher sein, immer gute Erträge seiner Brutkultur zu bekommen.


## Tipps für eine erfolgreiche Champignonbrut

Die Jungfernbrut, also die direkt aus den Sporen herangezogene Pilzbrut, ist immer die am bestens wüchsige und im Ertrag sicherste. Der Keimprozess auf direktem Wege ist aber ein recht umständlicher und bedingt besondere Einrichtungen und Maßnahmen, deren ungenaue Befolgung recht oft das Verderben der jungen Keimlinge zur Folge hat. Das hat mich zu Experimenten veranlasst; mittlerweile habe ich stets gute Erfolge.

Um die Keimfähigkeit der Sporen zu erreichen, bin ich zu einem Farmer gegangen, der Pferde hatte. Durch das natürliche Ausscheiden der Sporen bekam ich stets problemlos die Keimung der Sporen bewerkstelligt.

Auf den Champignonbeeten habe ich in den ersten Monaten des Jahres besonders schöne und einen reichen Ertrag versprechende Pilze gesichert, ließ die Sporen entstehen und sammelte diese dann auf untergelegtem Papier. Die an einem warmen, schattigen Ort getrockneten Sporen wurden dann einem gesunden, jungen, kräftigen Pferd in kleinen Portionen nach und nach an verschiedenen Tagen ins Futter gemischt. Bedingung ist dabei, dass ein solches Pferd nur mit Hafer, gutem Heu und pilzfreiem Roggen gefüttert wird. Der Pferdemagen verdaut die Sporen nicht, aber die Verdauungssäfte wirken auf die Sporen derartig günstig ein, dass diese dadurch den nötigen Reifegrad zum Keimen erhalten.

Mit den festen Exkrementen verlassen die Sporen den Pferdekörper und durchspinnen die Pferdeäpfel, wenn man diese an einem geeigneten Orte aufbewahrt. Es bilden sich dann schöne Pilzfäden und man erzeugt auf diese Weise die Jungfernbrut mit wenig Kosten. (Rinder, Schafe oder Kaninchen können ebenfalls zur Gewinnung von Jungfernbrut benutzt werden. Die erhaltenen Ausscheidungen werden dann in guten Pferdedung eingebracht.)

Die Pferdeäpfel werden an den Tagen nach der Sporenfütterung gesammelt und an einem schattigen und geschützten Ort getrocknet. Handelt es sich um kleine Anlagen, so kann man die mit Pilzfäden durchzogenen Pferdeäpfel direkt zum Beschicken der neuen Champignonbeete benutzen. Besser aber ist es, sie erst zum Durchspinnen von frischem Pferdemist zu veranlassen und diesen dann erst als Brut zu verwenden.

Wer Frühbeete besitzt, kann sich das sehr leicht machen. Bei der Anlage derselben werden in der untersten, festgetretenen, etwa 14 – 16 cm hohen Düngerschicht gleichmäßig zerkleinerte, mit Pilzfäden durchsponnene Pferdeäpfel verteilt. Es ist vorteilhaft, dem Pferdemist dieser Düngerschicht etwas trockene Blätter beizumischen. Der Kasten wird dann fertiggepackt und wie jedes andere Frühbeet behandelt.

Im Lauf des Sommers durchwächst der ganze mit Pferdeäpfeln gespickte Dünger mit Pilzfäden und wird im Herbst beim Ausräumen des Mistbeetes gesammelt und getrocknet. Wer keine Frühbeete hat, muss die Vermehrung der Jungfernbrut auf andere Weise bewerkstelligen.

In den Monaten März – April, ehe die Tiere wieder Grünfutter erhalten, sammelt man den Kot der Tiere, trocknet ihn an der Luft und zerkleinert ihn. Dann wird ein Drittel Mutterboden sowie ein Drittel getrockneter Blätter untergemischt. Nach dem Mischen schichtet man alles in einem dunklen, geschlossenen Schuppen oder sauberen Keller zu einem pyramidenförmigen Haufen auf und drückt es fest. Ist das Gemisch sehr trocken, kann man es vorsichtig mit etwas – bloß nicht zu viel – Viehjauche anfeuchten, es wird aber in den meisten Fällen nicht nötig sein. Bei kaltem Wetter bedeckt man die Haufen mit Stroh.

Sobald sich der Dung erwärmt hat, packt man ihn, mit der Mistgabel vorsichtig Schicht für Schicht andrückend, in etwa 100 cm breite, 30 – 35 cm hohe und beliebig lange Hügelbeete um, die man einige Tage liegen lässt, bis sie sich auf 15 –18 °C erwärmt haben. Nun beschickt man sie mit den mit Pilzfäden durchsetzten Pferdedungstücken, die man 3 – 5 cm tief und immer etwa 20 – 35 cm voneinander entfernt in die Beete eingräbt, und beschwert die Beete mit Backsteinen. Es ist darauf zu achten, dass die Temperatur in den Beeten immer ziemlich gleichmäßig 15 – 18 °C beträgt. Sinkt Sie unter 12 °C, so muss man durch Auflegen von Stroh oder Umpacken mit frischem Pferdedung nachhelfen, steigt die Temperatur aber über 23 °C, so muss man durch Abnehmen der Steine und Durchlüften des Raumes regulieren. In 6 – 8 Wochen wird der ganze Haufen mit Pilzfäden durchzogen sein, und man kann die fertige Brut herausnehmen und trocknen.

Durch Pressen der losen Brut in größere und kleinere Formen, kann man auch Champignonbrut-Steine herstellen. Man kann die Champignonbrut auch frisch verbrauchen, sie wächst auf frischen Beeten sofort weiter.

Ein Trocknen derselben aber ist besser und das Trocknen wird zur Notwendigkeit, wenn man die Anlage der Beete nicht sofort vornehmen will oder kann. Frische Brut behält (feucht aufbewahrt) ihre Keimfähigkeit nur kurze Zeit, trockene dagegen lange Jahre hindurch. Außerdem vernichtet das Trocknen des Myzels einer Reihe von schädlichen Pilzen, deren Lebensfähigkeit entgegen dem Champignonmyzel an eine gewisse Feuchtigkeit gebunden ist. Die unfreiwillige Ruhe stärkt auch die Treibfähigkeit und die Ertragsfähigkeit der Champignonbrut.

Das Trocknen der Brut muss allmählich geschehen, und zwar an einem dunklen trockenen Ort, der aber einem ausreichenden Luftzug ausgesetzt ist. Ich habe meine Brut immer in bodennahen Räumen dadurch getrocknet, dass ich sie auf Korbmatten dünn ausbreitete. Sie wurde alle 3 – 4 Tage einmal umgewendet, war dann in 8 – 14 Tagen fertiggetrocknet und wurde in großen Kisten, die oben mit einem recht dünnmaschigen

Drahtgeflecht abgeschlossen waren, verpackt. Diese wurden an einem trockenen Ort aufbewahrte. Wärme und Kälte schaden der Brut nicht, nur Feuchtigkeit. Sehr wichtig ist, die Brut vor Mäusen zu schützen, die die Pilzfäden mit Vorliebe verzehren.

Wie schon gesagt, ist die Verwendung von Jungfernbrut stets die vorteilhaftesten, man kann sich aber auch von tragenden Beeten eine recht brauchbare Brut dadurch verschaffen, dass man von einem Teil eines solchen Beetes den mit Pilzfäden durchgezogenen Dung herausnimmt, sobald die ersten Speisepilze an der Oberfläche erscheinen.
Wenn der herausgenommene Dünger in der oben beschriebenen Weise getrocknet wird, hat man eine recht gute Brut zur Verfügung. Das kann man längere Zeit hindurch wiederholen, bis man merkt, dass die Erträge wesentlich nachlassen und die Pilze kümmerlicher werden – das ist immer ein Zeichen, dass das Pilzmyzel durch die fortsetzte Myzel-Vermehrung seine Treibfähigkeit zum größten Teil verloren hat; man muss dann wieder zur Produktion von Jungfernbrut schreiten oder sich von zuverlässiger Seite neue, brauchbare Brut kommen lassen. Man sollte aber nicht den zwar schön durchsponnenen aber nicht mehr optimalen Dung von abgeernteten Beeten weiterverwenden, dieser ist wie gesagt minderwertig.

Im Handel gibt es heutzutage durchweg zuverlässige Brut aus Brutlaboratorien, was aber nicht gerade billig ist.

## Dung für die Champignonanlagen vorbereiten

Champignons wachsen und gedeihen in fast allen organischen Stoffen, die einen Verwesungsprozess durchlaufen haben, wenn diese in einer bestimmten Verfassung sind und einen bestimmten Bodenzustand haben. Der PH-Wert sollte bei 7 liegen, also weder sauer noch stark alkalisch, und sich an Orten befinden, die für die Entwicklung des Pilzmyzels günstig sind, wie z. B. Torfmull, verrottetes Laub auf Komposthaufen …

Das könnte nun die Vermutung erwecken, dass alle diese Stoffe zur Anlage von Champignonbeeten geeignet wären und dass man sie als vollwertigen Ersatz für den an manchen Orten knappen und teuren Pferdemist benutzen könnte. Ich denke, dass ich aufgrund meiner vielen Versuche sagen kann, dass die ideale Basis einer lohnenden Champignonzucht der Pferdedung ist. Als Ersatz hat sich auch Schafsmist bewährt, aber das sollte man nur dann machen, wenn kein Pferdemist günstig zu bekommen ist.

Am geeignetsten ist der Dung von jungen kräftigen Pferden, die nur mit Hafer, Roggenstroh und gutem Heu gefüttert und deren Boxen mit Roggenstroh ausgestreut werden. Der Dung von Pferden, die nur Grünfutter oder Möhren erhielten, erwies sich stets als minderwertig und das Auftreten großer Mengen von Mistpilzen auf den Vorbereitungs-Dunghaufen und später auch auf den eigentlichen Kulturbeeten ließ sich stets darauf zurückführen, dass die Pferde, von denen der Dung stammte, in mit Weizenstroh ausgestreuten Boxen standen.

Diese Unkrautpilze, mit ihren langen Stilen und grauen Hüten, sind zwar für die Champignonkulturen nicht direkt schädlich, sie verbrauchen aber eine Menge Nährstoffe, besonders Stickstoff, die später den Champignonpilz fehlen und deshalb den Ertrag recht ungünstig beeinflussen können.

Am besten ist Dung, der etwa acht Tage lang im Stall gelegen hat. Er kann bis zu drei Vierteln aus Stroh bestehen. Enthält er zu viel Jauche, wird er mit strohigem Dung durchmischt, Haferstroh ist ungeeignet.

Es ist durchaus nicht nötig, nur reine Exkremente zu nehmen. Die mit Urin durchtränkten Strohhalme verwesen bedeutend langsamer als der Dung selbst und verlängern dadurch die Wärmequelle recht erheblich. Am besten ist es stets, den Dung direkt aus dem Pferdestall in Vorbereitung zu nehmen; ist das nicht möglich, muss man ihn breit lagern und so aufbewahren, dass er sich nicht erwärmen kann und vom Regen und Schnee nicht ausgelaugt wird.

Da der Dung, wenn er für die Aufnahme der Champignonbrut geeignet sein soll, sich nicht über 31 °C erwärmen darf und ein bestimmtes Verwesungsstadium erreicht haben muss, ist es nötig, den frischen Pferdemist zunächst vorzubereiten. Das geschieht am besten so:

Durch Aufschütten mit einer Mistgabel werden die gröbsten und nicht ausreichend mit Urin durchtränkten strohigen Teile – Papier, Holzstücke, Steine etc. – aus dem Dung entfernt und an einem vor Regen und starker Sonneneinstrahlung geschützten Platz auf Haufen gesetzt. Diese Haufen müssen etwa 1,5 m hoch und können bis zu 2 oder 3 m breit und beliebig lang sein. Sie werden in Schichten von ca. 40 cm gepackt, die mit der Mistgabel festgeklopft oder festgetreten und mit fein gemahlenem Dünger-Gips oder noch besser Superphosphat-Gips bestreut werden. Auf einen Kubikmeter Dung rechnet man 2½ – 3 kg Gips.

Das Gipsstreuen hat zum einen den Zweck, das Verflüchtigen des für das Gedeihen der Pilze so notwendigen Ammoniakstickstoffes zu verhindern, und zum anderen dem Kalkbedarf der Champignonpilze, die durch Säure des Bodens geschädigt werden, Rechnung zu tragen; neben bei dient es auch dazu, die Pilzmaden, die sich im Dung befinden, zu unterdrücken. In den meisten Fällen wird der Dung feucht genug sein, ist das jedoch nicht der Fall, so begießt man den fertig gepackten Haufen mit Pferdejauche oder auf 31 °C erwärmtem Wasser, in dem auf 100 Liter je 500 g Chile-Salpeter aufgelöst sind.

Der Dung erwärmt sich bald unter Einwirkung von Pilzen und Bakterien bis auf 70 °C und mehr, wobei das in ihm enthaltene Ungeziefer abgetötet wird. Nach etwa 6 Tagen wird er umgesetzt, wobei die inneren, wie verbrannt aussehenden Schichten nach außen kommen, weil sie nun mehr ihre Heißvergärung durchgemacht haben. Beim Umsetzen muss der Mist wieder gut durchgeschüttelt werden, damit der Haufen durchgelüftet und reichlich Sauerstoff zugeführt wird. Nach Bedarf wird wieder angefeuchtet.

In der nun folgenden sechstägigen Lagerzeit erhöht sich die Wärme schon nicht mehr so stark. Es wird dann nochmals umgepackt, wie oben beschrieben, und ist nach weiterer sechstägiger Lagerzeit gebrauchsfertig.

Der Dung ist zur Anlage der Beete bereit, wenn er sich fettig anfühlt, eine gleichmäßige braune Masse bildet, einen süßlichen Geruch, lockere Beschaffenheit und eine milde Feuchtigkeit besitzt, sodass dabei Wasser ausgeschieden wird.

Auf eine wichtige Sache möchte ich noch hinweisen: Es ist besser, der Dung ist etwas zu trocken als zu feucht. Das Erstere lässt sich noch im Keller oder in den anderen Kulturräumen durch vorsichtiges Überbrausen mit warmem Wasser ausgleichen, das Letztere aber ist schwer wieder gutzumachen. Dass man keinen Pferdedung verwenden darf, der mit scharfen Desinfektionsmitteln behandelt ist, ist wohl selbstverständlich. Unbrauchbar ist auf Straßen und Wegen gesammelter Dung, ebenso solcher, der von Pferden stammt, die mit Ersatzfuttermitteln, Mohren, Rübenschnitzeln usw. oder Gras gefüttert wurden.

## Die Anlage von Champignonbeeten im Winter

Der Champignonpilz ist zu seinem Gedeihen an eine bestimmte Lufttemperatur gebunden. Er gedeiht nicht mehr, wenn die Temperatur unter 10 °C fällt und er entartet, wenn die Temperatur über 25 °C steigt.

Für die Winterkulturen des Champignons können also nur Örtlichkeiten infrage kommen, die entweder, wie z. B. tief liegende Keller oder Höhlen, von Natur aus eine entsprechend gleichmäßige Temperatur haben, oder aber solche, in denen eine genügende Wärme durch künstliche Mittel bereitgestellt werden kann, die also mit Heizungsanlagen verstehen sind.

Bei der Einrichtung derselben muss man berücksichtigen, dass die Champignonpilze zu ihrer Entwicklung und zu ihrem Gedeihen eine bestimmte Luftfeuchtigkeit voraussetzen, dass also durch die Heizung erzeugte trockene Luft für die Kulturen unter Umständen recht schädlich sein kann.

Man muss ferner berücksichtigen, dass die Wärmestrahlen, die die Kulturbeete aus nächster Nähe direkt treffen, erstens ein Austrocknen der Luft dicht über den Beeten verursachen, was für die Entwicklung der Pilze schädlich ist, und zweitens auch den Beetoberflächen Feuchtigkeit entziehen, wodurch ein häufigeres Gießen der Beete notwendig wird.

Die Anfeuchtung selbst ist für die Kulturen nicht schädlich, wenn sie mit Vorsicht und dem nötigen Verständnis ausgeführt wird. Die Schwierigkeit der richtigen Ausführung liegt aber darin, dass die Beetoberflächen ungleichmäßig austrocknen und deshalb ein planmäßiges Gießen, besonders für den Anfänger, gar nicht so leicht ist. Feuchtet man aber die Oberflächen der Beete zu wenig oder zu viel an, so geschieht das jedes Mal zum Schaden der Kulturen. Handelt es sich um eine vorhandene Zentralheizung, wo die Wärme spendenden Heizkörper im ganzen Raum verteilt sind und keine starke Wärmeausstrahlung von einer einzigen Stelle aus stattfindet, so ist die Abhilfe einfach, man braucht dann nur die Beete so anzulegen, dass sie nicht zu dicht am Heizkörper liegen.

Eine praktische Warmwasserheizung halte ich für eine größere Champignonkultur, die zum Gelderwerb betrieben werden soll, für die rationellste Wärmequelle. Es gibt kleine, vorzüglich arbeitende Kessel, die mit einem einfach zu verlegenden Röhrensystem schon für eine ziemlich große Anlage die nötige Luftwärme erzeugen können. Dies ist eine recht gleichmäßige und milde Wärme; jegliche Rauch- und Staubentwicklung, beides für die Champignonkultur recht schädlich, wird vermieden. Der Verbrauch von Brennmaterialien ist nicht größer als bei einer Ofenheizung und die etwas größere Ausgabe für Verzinsung und Abschreibung der Anlage wird durch die großen Vorzüge und die dadurch bedingten Mehrerträge der Beete reichlich aufgewogen. Man kann natürlich auch andere Varianten verwenden, es kommt eben immer darauf an, was im Einzelfall am geeignetsten ist. 30 Liter Wasser pro Quadratmeter brauchen die Pilze und immer zwischen 4 und 6 °C. Für kleinere Anlagen kann man Kanalheizungen bauen und Öfen aus Steinen oder Porzellankacheln, oder man verwendet Dauerbrandöfen oder einen kleinen Kanonenofen. Eiserne Öfen strahlen eine recht intensive Wärme aus und entziehen der Luft viel Feuchtigkeit, man muss sie deshalb mit einem Ofenschirm als Schutzmittel umkleiden und einen offenen Topf mit Wasser zum Verdunsten draufstellen. Außerdem muss man die in der Nähe der Öfen liegenden Beetteile mit Moos belegen, das nach Bedarf öfters anzufeuchten ist. Frisches Moos muss, ehe man es zum Bedecken verwendet, längere Zeit in Wasser eingetaucht liegen, um alle darin befindlichen Schnecken, Asseln usw. abzutöten.

Die Kulturräume sind vor der Anlage recht ausgiebig zu lüften, sorgfältig zu säubern, mit einem Schutzmittel, z. B. *Obstbaumkarbolinerum* zu desinfizieren, überall mit einem starken Kalkanstrich zu versehen und dann auszuschwefeln, Sauberkeit und frische Luft sind wichtige Bedingungen zum Gelingen der Champignonzucht.

Wenn wir nun zur Anlage der Beete selbst übergehen, dann müssen wir uns zuerst darüber klar sein, ob wir die Beete nur auf ebener Erde anlegen wollen oder ob wir – wozu fast alle Lehrbücher raten, um den Platz besser auszunutzen – auch auf Brettergestellen über den Grundbeeten Champignons ziehen wollen. Nach den von mir gemachten Erfahrungen und den genauen Buchungen und Ertragsberechnungen, die ich angestellt habe, bin ich zu der Überzeugung gekommen, dass Gestellbeete in den meisten Fällen keinen Nutzen bringen,

Die Beete sind nun vorsichtig mit lauwarmem Wasser, ca. 25 °C, zu überbrausen. Die Überbrausung soll aber nur die Erdschicht anfeuchten, sie darf nicht so ausgiebig sein, dass die Feuchtigkeit auch in die Mistschicht eindringt. Die Lufttemperatur ist jetzt auf etwa 15 °C zu halten und wenn nötig durch Bespritzen der Wege und der Heizkörper für die erforderliche Luftfeuchtigkeit zu sorgen, damit ein zweites Anfeuchten der Beete vor der Ernte nicht nötig wird. Die Wege sind natürlich stets sauber zu halten und für eine entsprechende Lufterneuerung ist Sorge zu tragen.

Nach 2 – 3 Wochen erscheinen die ersten Pilze die, sobald sie groß sind, durch vorsichtiges Abdrehen geerntet werden. Das Abdrehen ist stets dem Abschneiden vorzuziehen, da die beim Abschneiden stehen bleibenden Stümpfe faulen und dabei die daneben keimenden kleinen Pilze in Mitleidenschaft ziehen. Außerdem sind diese Pilzstümpfe ein beliebter Ansiedlungsort für fast alle Pilzschädlinge. Die durch das Ausdrehen der reifen Pilze entstehenden Höhlungen sind sofort mit Erde auszufüllen und leicht anzudrücken, dann gibt es keine Probleme.
Die Ernte der Pilze muss vorgenommen werden, solange die Lamellen noch nicht sichtbar sind.

Während der Ernte, die im Idealfall 6 – 11 Wochen und teilweise auch noch länger anhält, muss man für eine gleichmäßige Lufttemperatur von 12 – 15 °C, eine ausgiebige Lufterneuerung und peinlichste Sauberkeit Sorge tragen. Da ein ziemlich großer Feuchtigkeitsgehalt der Luft in den Kulturräumen wesentlich zum Gedeihen und zur Entwicklung der Pilze beiträgt, muss gegebenenfalls durch Bespritzen der Wege und Heizkörper nachgeholfen werden.
Die Beete selbst sind stets genügend feucht zuhalten, jedoch muss man mit dem Begießen recht vorsichtig sein. Die Beete

müssen etwas feuchter sein als die Luft im Kulturraum, damit ständig ein leichter Strom von feuchter Luft vom Beet zum Kulturraum stattfinden kann, der für die Bildung der Pilzfruchtkörper nötig ist. Die ersten zwei Wochen nach Beginn der Ernte ist das Gießen besonders gefährlich, da dann die vielen kleinen Pilze leicht faulen. Später kann man ohne Schaden die Beete, sobald sie trocken sind, reichlich überbrausen. Zum Begießen verwendet man stets lauwarmes Wasser von 25 – 31 °C Temperatur, in dem man etwas Chile-Salpeter aufgelöst hat. Das Begießen mit Jauche oder Hornspäne-Wasser ist nicht zu empfehlen.

Sobald die Beete abgetragen wurden, müssen aller Dung und alle Erde aus dem Kulturraum herausgeschafft werden. Dieser ist zu säubern und ausgiebig zu lüften. Er erhält einen neuen Kalkanstrich. Der Kalkmilch wird zu 10 Prozent Obstbaumkarbolineum zugesetzt. Diese Mischung kann auch mit einer Spritze aufgetragen werden. Der Boden wird ebenfalls mit dicker Kalkmilch übergossen. Je gründlicher diese Arbeit geschieht, um so besser. Die Deckerde darf keinesfalls erneut benutzt werden.

## Die Anlage von Pilzhütten

Pilzhütten sind in der Erde liegende Treibhäuser ohne Fenster, die man zur Gewinnung von Champignonpilzen dann anlegt, wenn man andere geeignete Räume, wie Keller usw., nicht zur Verfügung hat. Ihre Anlage lohnt nur, wenn man für größere Mengen Champignonpilze Verwendung hat. Eine Hütte muss so gebaut werden, dass sie nicht allzu viel kostet, aber doch so stabil hergestellt sein, dass sie einige Jahre benutzt werden kann.

Will man in einer Pilzhütte auch im Winter Champignons ziehen, so muss man entsprechende Punkte beachten, die ich ja auf den vorigen Seiten bereits erläutert habe. Eine Vernünftige angelegte Warmwasserheizung ist, besonders wenn es sich um eine größere Anlage zum Gelderwerb handelt, auch hier die vorteilhafteste und praktische Variante.

Pilzhütten lassen sich nur da anlegen, wo der Grundwasserspiegel so tief unter der Erdoberfläche steht, dass er das Ausschachten der Erde auf etwa einen Meter Tiefe gestattet. Die Größe der Pilzhütte richtet sich natürlich nach der benötigten Pilzmenge, nach der Dungmenge, die zur Verfügung steht, und nicht zuletzt nach dem Anlagekapital, dass man in die Anlage hineinstecken will oder auch kann.

Man unterscheidet einseitige oder zweiseitige Pilzhütten. Erstere baut man überall da, wo die Rückwand eines Gebäudes zur Verfügung steht. Zweiseitige Pilzhütten sind vorteilhafter, wenn man gezwungen ist, diese direkt im Freien, ohne Anlehnung an ein anderes Gebäude anzulegen.

Die Ausführung eine solcher Anlage lässt sich nur skizzieren, da die örtlichen Verhältnisse und vorhandene oder leicht zu erwerbende Baumaterialien immer einen entscheidenden Einfluss haben werden. Auf eins aber möchte ich von vornherein aufmerksam machen: Eine größere Anlage verzinst sich stets besser und leichter als eine kleine, da die Gesamtkosten für die größere Anlage in der Verhältnismäßigkeit bedeutend niedriger sind.

Der Platz zur Anlage einer Pilzhütte muss sollte möglichst windgeschützt sein, keiner Überschwemmungsgefahr ausgesetzt sein, indem Regen und Schneewasser ungehindert abfließen können, und er sollte eine bequeme An- und Abfuhr des nötigten Dungs gestattet.

In der Pilzhütte werden nun zwei Seitenbeete von je 80 cm Breite entlang der Längsseite und 2 Mittelbeete von je 130 cm Breite abgesteckt. Zwischen den vier Beeten befinden sich drei schmale Wege. Am mit einer Tür verschlossenen Eingang sollte etwas Platz bleiben, damit man von dort die Wege erreichen kann. Die Holzteile werden nun alle mit einem starken Kalkanstrich versehen und die Beete genau so angelegt und behandelt, wie im vorigen Kapital angegeben, allerdings kann man die Beete nun etwas höher und gewölbter anlegen.

Die Luftzufuhr wird am besten durch hölzerne Luftschächte erreicht, die über den First des Daches hinausragen. Man kann auch im oberen Teil der freien Seitenwand eine starke Röhre einfügen, die nach Bedarf verschlossen oder geöffnet wird.

Sobald die Beete fertig gepackt sind, der Dung kann der Einfachheit halber auch durch eine Dachöffnung eingebracht werden, wird die Pilzhütte vollständig recht dicht und nicht zu dünn eingedeckt, entweder mit Strohgarben oder mit strohigem Dung. Das Abdeckmaterial muss gegen Wind gesichert werden, zum Beispiel durch das Auflegen von Tannenzweigen oder anderem Material.

Nach dem Abtragen der Beete, die Ernte dauert auch hier 6 – 10 Wochen und länger an, wird alles Deckmaterial entfernt, sämtlicher Dung und alle Erde hinausgeschafft, alles gründlich gereinigt und der Kalkanstrich erneuert. Dann kann sofort eine Neuanlage vorgenommen werden.

In so angelegten Pilzhütten kann man winters wie sommers Champignons ziehen, es empfiehlt sich gleich zwei davon von einem Vorraum aus anzulegen und den Bau weiterer Hütten in Aussicht zunehmen.

Sicheren Absatz und hohe Preise erzielt man nur dann für seine Champignons, wenn man imstande ist, regelmäßig zu liefern, und da von der Anlage der Beete bis zur Ernte immer 2 – 3 Monate vergehen, muss man mehrere Anlagen zur Verfügung haben, wenn man regelmäßig liefern will.

Je mehr Hütten man anlegt, um so günstiger fallen auch die Heizkosten aus, wenn man eine Warmwasserheizung verwendet. Das Wärmequantum, das in einer solchen Hütte künstlich erzeugt werden muss, ist relativ gering. Ganz ohne Heizung kommt man aber nicht aus, wenn man hohe und sichere Erträge erzielen will. Nun lassen sich recht gut eine ganze Reihe derartiger Pilzhütten von einem Kessel aus heizen, wenn man die Verrohrung durch die Hütten hindurchführt und an den Verteilern Stutzen anbringt, die die Weiterleitung in nachträglich angebaute Hütten ermöglichen. Das lässt sich auch nachträglicher noch einrichten, ist dann aber viel umständlicher und teurer.

Einseitige Pilzhütten werden nach denselben Grundsätzen gebaut wie die zweiseitigen. Man spart dabei das Material auf einer Längsseite.


## Die Champignonzucht in Gewächshäusern

Die Räume unter den Gestellen und auch die Plätze unter den Laufbrettern der Gewächshäuser eignen sich, sofern es sich um Warmhäuser und temperierte Häuser handelt, im Winter meist recht gut zur Anlage von Champignonkulturen. Wenn man diese Räume durch Vorhängen von Bastdecken oder starker Leinwand dunkel macht und dadurch auch die äußere Luft abschließt, so erzielt man eine ziemlich gleichmäßige, ausreichend temperierte Raumluft, die auch einen genügenden Feuchtigkeitsgrad besitzt, um die Champignonpilze zur Entwicklung kommen zu lassen. Als vorteilhaft haben sich hier aufgeschnittene gebrauchte Hopfensäcke erwiesen, die ich von Brauereien verhältnismäßig billig kaufte und die ein fasst unverwüstliches Material abgaben, das hervorragend geeignet war.

Der einzige Umstand, der eine solche Gewächshaus-Kultur schwierig macht, ist der Tropfenfall. Beim Gießen der darüberstehenden Pflanzen fließt, besonders wenn das Gießen unvorsichtig ausgeführt wird, ziemlich viel Wasser auf die darunterliegende Champignonkultur und schädigt diese erheblich. Das kann man nur dadurch abwenden, dass man alle darüberstehenden Pflanzen mit Untersätzen versieht und sehr vorsichtig gießt.

Die Kultur und die Behandlung der Beete ist genau dieselbe, wie bei der Anlage der Champignonbeete in Kellerräumen. Gegen die direkten Wärmestrahlen der Heizröhren muss man die Beete durch vorgesetzte Bretter schützen. Im Sommer lassen sich alle leer stehenden Gewächshäuser für Champignonkulturen nutzen. Man muss dann nur, durch Bedecken der Fenster mit Läden oder Decken, Licht und Wärme abhalten, sowie durch Lüften bei Nacht oder an feuchten, trüben Tagen für Lufterneuerung sorgen.

# Die Champignonzucht in Frühbeeten

Champignons in Frühbeeten allein zu ziehen lohnt nicht, wohl aber man kann sie als Nebenkultur unter anderen Pflanzen heranwachsen lassen. Nach meinen Erfahrungen gedeihen sie am besten unter Palmen, Blattpflanzen und anderen Topfgewächsen, die in sogenannten *Prellkästen*, das heißt Mistbeeten mit stärkerem Fall, die mit reichlichen Mengen Pferdedung gepackt sind, kultiviert werden.

Wenn man in solchen Kulturkästen auf den frisch gepackten Pferdemist eine starke, handhohe Lage halb verrotteten Pferdedung aufbringt und diesen, ehe man ihn mit einer schwachen Schicht lockerer Erde bedeckt, reichlich mit guter Champignonbrut spickt, kann man damit rechnen, dass sich zwischen den daraufgestellten oder eingesenkten Töpfen große Mengen der schönsten Champignons entwickeln. Diese ergeben eine nicht unerhebliche Nebeneinnahme. Vorteilhaft ist es, dem halb verrotteten Dung einen Teil fein gepulverten Dünger-Gips beizumischen.

Auch in frühen Gurkenkästen habe ich erfolgreich Champignons als Nebenerzeugnis gezogen. Die Kästen wurden Ende Januar oder Anfang Februar warm gepackt, auf den frischen Pferdemist wurde vor der Erddecke erst eine Schicht mit Gipspulver vermischtem halb verrottetem Pferdedung aufgebracht. Die Treibgurkenpflanzen wurden vorläufig in Töpfen oder im Kasten eingesetzt, der Kasten eingesenkt und der Kasten selber mit starken, pikierten Treibsalatpflänzchen bepflanzt. Diese ergaben nach etwa vier Wochen gebrauchsfertige Köpfe. Nun wurden die Fenster mit den Gurken bepflanzt, vorher aber wurde durch mit der Hand gemacht Löcher Champignonbrut in den halb verrotteten Dung eingebracht und der ganze Kasten regelrecht mit Brut gepickt. Auch hier habe ich stets große Mengen der schönsten Champignons geerntet, die die Gurkenerträge gar nicht beeinträchtigten, wohl aber eine recht annehmbare Nebeneinnahme brachten.

Gute Erfahrungen habe ich auch in späteren Gurken- und Melonenkästen mit Champignonkulturen gemacht. Diese Kästen wurden mit viel Laub darunter und wenig Pferdedung darüber Anfang März gepackt. Auf den frischen Pferdemist kam eine Schicht vorbereiteter Dung, der nach dem Abdampfen der Kästen mit Champignonbrut gespickt wurde und dann erst seine Erddecke erhielt. In den Kästen wurden Blumen und Gemüsesamen zur Pflanzenanzucht ausgesät und später, nachdem diese herausgenommen waren, Gurken und Melonen ausgepflanzt. Auch hier brachten die Champignonpilze, die in reichlicher Menge erschienen, eine recht hübsche Nebeneinnahme.

## Die Anzucht von Champignons für den eigenen Bedarf im Winter

Kleine Champignonbeete lassen sich im Winter an den verschiedensten Orten anlegen, sofern diese nur den Grundbedingungen entsprechen, die ich bei der Anlage der Champignonbeete im Winter in Kellern usw. beschrieben habe. Auch die Behandlung derartiger kleiner Anlagen, die Vorbereitung des Dungs, die Beachtung der Temperaturvorschriften, die Regelung der Feuchtigkeitsverhältnisse ... alles muss genauso ausgeführt werden, wie es dort beschrieben ist.

Man kann die Champignons auch in Kisten, Fässern usw. ziehen, wenn man diese in passenden Räumen aufstellt. Auch auf

Gestellen in Kellern, Pferdeställen, Kammern usw. kann man kleine Anlagen anlegen, denn hier entfallen die Bedenken, die für die Rentabilität derartiger Anlagen im großen Stil bestehen. Den Champignonzüchter, der Pilze zu seinem eigenen Bedarf ziehen will, kostet der Platz und die Arbeitszeit nichts und der Pferdedung steht ihm meist auch umsonst zur Verfügung. Man nutzt einfach Vorhandenes ohne Zusatzinvestitionen wie eine Heizanlage etc. und muss keine Kosten-Nutzen-Rechnung aufmachen.

An dieser Stelle möchte ich auf allgemein anzutreffende Kritik eingehen, die ein Autor scheinbar ungeprüft vom anderen abschreibt: dass nämlich die Zuchterfolge mehr oder weniger Zufall sein sollen. – Das stimmt nicht und ist grundfalsch. Wenn man tadellose Brut verwendet, passende Räume aussucht, für gut vorbereiteten Dung und die richtige Temperatur im Kulturraum sorgt, das Feuchtigkeitsbedürfnis des Pilzes gebührend berücksichtigt und die Beete sachgemäß anlegt und behandelt, müssten die Champignonpilze wachsen. Tun sie es aber nicht, so ist ein Kulturfehler daran schuld, nicht aber ein unglücklicher Zufall.

## Der Aufzucht der Champignons im Sommer

Berufszüchter, die ihr Geld damit verdienen, werden auch im Sommer ihre Champignonbeete in geschlossenen Räumen, in tiefen kühlen Kellern und Höhlen oder in Pilzhütten anlegen. Hier können sie sicher auf Erfolg rechnen, während der Erfolg der Anlage im Freien wesentlich vom Wetter beeinflusst wird.

Im Sommer kann man derartige Anlagen natürlich auch in kühl gelegenen leer stehenden Ställen, Schuppen usw. betreiben und bei geschickter Ausnutzung solcher Plätze recht gute Erfolge erzielen.

Die Anlage solcher Sommerbeete ist dieselbe wie die der Winterbeete und auch die Pflege derselben unterscheidet sich nur insofern von der der Winterbeete, dass man beim Lüften die Temperaturverhältnisse berücksichtigen muss.

Im Freien haben sich folgende Methoden bei der Anlage von Champignonbeeten als praktisch durchführbar und lohnend erwiesen:

### 1. Auf Spargeldbeeten gezüchtete Champignons

Bei Frisch angelegten Spargelbeeten wurden im zweiten Frühjahr zeitig die Vertiefungen, in denen die Spargelpflanzen standen, mit präpariertem Pferdedung ausgefüllt, mit Champignonbrut bespickt, festgedrückt und das Ganze dann mit lehmhaltiger Erde überdeckt, etwa 4 – 5 cm hoch.

Im darauf folgenden Frühjahr wurde das ganze Beet mit einer in der Mitte des Beetes etwa 20 cm hohen und nach den Seiten hin abfallenden Schicht präparierten Pferdedungs überzogen, der mit Brut bespickt wurde, belegt festgedrückt und das Ganze dann wiederum mit einer etwa 4 – 5cm hohen Decke von lehmhaltiger Erde überzogen.

In den beiden Jahren entwickelten sich die Spargelpfeifen, durch die Nährstoffzufuhr von oben (durch den Dung) angeregt sehr kräftig und zusätzlich bildeten sich unter dem Spargelkraut prächtige Champignonpilze in meist recht ansehnlicher Menge aus, sodass sich die Arbeit und Kosten des Dungs reichlich bezahlt machten.

31

Aber auch auf älteren Spargelbeeten, die gestochen werden, lassen sich Champignonpilze nebenbei ziehen. Hier wird das Aufbringen des präparierten Dungs Ende Juni vorgenommen, sobald man mit dem Stechen aufhört. Die obere Erdschicht wird vorher etwa 10 cm hoch abgenommen und in den Wegen verteilt. Sonst ist die Behandlung wie oben angegeben.

## 2. Die Kultur auf Hügelbeeten im Freien

In verschiedene Orten Deutschlands, besonders aber in der Umgebung von Hannover, hat man mit der Champignonzucht auf sogenannte *Hügelbeeten* recht gute Erfahrungen gemacht, und auch meine eigenen Versuche mit solchen Beeten haben meist sehr zufriedenstellende Ernten ergeben.

Wenn eine solche Kultur einmal fehlschlägt, hat man dabei nur die Kosten für die Arbeit und die Brut, da der Dung den folgenden Kulturen voll und ganz zugutekommt.

Das Land, auf dem man eine Champignon-Hügelkultur anlegt, darf keinen hohen Grundwasserspiegel haben, darf kein Überschwemmmungsrisiko haben (Regenwasser muss gut abfließen können) und es muss windgeschützt liegen.

Da man derartige Kulturen erst Ende Juni anlegt, kann man auf dem betreffenden Boden vorher Frühkartoffeln, Früherbsen oder Salat usw. anbauen. Das gereinigte und eingeebnete Land wird dann in 1,5 m breite, von Osten nach Westen laufende Beete eingeteilt, die immer mit knapp 50 cm breiten Wegen abwechseln. Von jedem Beet misst man von der nach Norden gelegenen Längsseite 60 cm ab und gräbt die Erde dieses Stückes 15 cm tief aus. Die Erde wird auf dem nach Süden gelegenen anderen Teil des Beetes so aufgeschüttet, dass es einen spitzen Hügel bildet, der am Weg ausläuft. In der ausgegrabenen Fläche wird nun präparierter Dung fest eingepackt und dann noch soviel darauf gepackt, dass auch an dieser Seite des Beetes ein spitzer Hügel entsteht, der genau so geformt ist, wie der daran stoßende Erdhügel der anderen Seite. Es wird recht fest angedrückt und dann mit Bastmatten, Leinwand oder Stroh bedeckt.

Nach 8 – 10 Tagen werden die Decken abgenommen und immer 20 cm voneinander entfernt Brutstücke in den Dung gelegt. Nach dem Legen der Brut wird der ganze Bruthaufen 5 cm hoch mit lehmiger Erde bedeckt, sauber abgeharkt und festgeklopft. Bei Trockenheit wird vorsichtig mit Regenwasser oder abgestandenem Flusswasser gespritzt. Unkraut wird mit einem scharfen Messer dicht unter der Erdoberfläche abgeschnitten und die Stelle wieder eingeebnet.

Die Pilze, die nach etwa vier Wochen erscheinen, dürfen nicht über die Oberfläche der Erde herauswachsen, sie müssen viel mehr geerntet werden, solange sie sich noch in der Erde befinden. Durch Platzen der Erdoberfläche zeigen sie ihr Erscheinen an, man schiebt dann die Erde behutsam zur Seite und dreht die Pilze vorsichtig heraus. Die entstandene Öffnung wird sofort wieder mit Erde gefüllt und angedrückt. Am vorteilhaftesten ist es, das Pflücken jeden Morgen vorzunehmen.

Die andere Seite der Beete wird natürlich auch bepflanzt und ich habe dort erfolgreich Kohlrabi, Salat, Blumenkohl und andere Gemüsesorten oder auch Blumen aller Art gezogen.

Im Spätherbst wird der Dung auseinandergeworfen und untergepflügt, das Land ist dann im nächsten Jahr für alle Kulturen vorzüglich geeignet. Champignon aber darf man in den nächsten drei Jahren nicht wieder anbauen.

### 3. Champignons in abgetragenen Frühbeeten

Mistbeete, die Anfang August abgetragen sind, kann man sehr wohl noch zur Champignonzucht verwenden. Die oben im Mistbeet befindliche Erde wird abgeräumt und dann eine 20 cm starke Schicht präparierter Wiesenchampignons gleichmäßig im Kasten ausgebreitet, recht festgedrückt und ausgiebig mit Champignonbrut bespickt. Es werden nun Abdeckungen wie Fenster und Decken oder Läden aufgelegt und nach etwa drei Wochen eine 4 cm hohe Erdschicht aufgebracht und mit einem Brett festgedrückt. Der Kasten wird jetzt mit einem Umschlag von frischem Pferdedünger versehen und Fenster und Decken werden wieder aufgelegt.

Die Pilzernte beginnt Anfang Oktober und dauert bis ende November.

### 4. Kleine Champignonanlagen im Garten

Unter alten großen Nadelvergilbungen und Laubholzbäumen an der Nordseite von Bäumen und anderen dichten Hecken und Zäunen, unter Veranden und Balkons, an der Nordseite von Mauern und Wänden und an vielen anderen Plätzen im Garten, lassen sich im Sommer kleine Champignonanlagen erstellen, die ihrem Besitzer recht viel Freude machen können. Bedingung sind eine trockene Lage und möglichst großer Schutz vor Licht, Regen und Wind.

Man gräbt an geeigneter Stelle die Erde von 1 m breiten Beeten 30 cm tief aus und schüttet diese rings um das entstandene Tiefbeet als Schutz auf. Das Beet wird nun mit präpariertem Dung gefüllt, fest gepackt und dann mit Bastdecken, Leinwand oder Stroh usw. abgedeckt. Nach 8 – 10 Tagen werden die Decken entfernt, immer 15 cm voneinander entfernt ein Hühnerei großes Stück Champignonbrut in den Dung gesteckt, dieser mit einem Brett noch einmal tüchtig angedrückt und dann eine etwa 5 cm hohe Erdschicht darüber gebreitet, die auch wieder angedrückt wird.

Bei anhaltender trockener Witterung wird vorsichtig mit Regenwasser oder abgestandenem Flusswasser gespritzt. Es ist vorteilhaft, dem Gießwasser etwas Chile-Salpeter beizumischen. Kann man die Beete vor Regen schützen, so ist das sehr vorteilhaft. Vorzüglich haben sich hierzu Holzrahmen bewährt, die mit regenfestem Ölpapier bespannt sind.

Die Ernte in derartigen Anlagen, die man vom Frühjahr bis Frühherbst ausführen kann, beginnt acht Wochen nach Anlegung der Beete und dauert ziemlich lange. Die Pilze müssen geerntet werden, wenn sie sich eben aus dem Boden herausheben. Sie werden vorsichtig abgedreht. Die entstandenen Hohlräume sind sofort mit Erde anzufüllen und diese ist festzudrücken.

# Die Feinde und Krankheiten der Champignons

## Tierische Schädlinge

Auch unter den Tieren gibt es Feinschmecker, die dem Champignon nachstellen und die deshalb ferngehalten werden müssen.

Da sind zuerst die Ratten und Mäuse, die mit Vorliebe die Pilze anknabbern und außerdem die Beete durchwühlen und dadurch oft erheblichen Schaden anrichten. Sobald man diese schädlichen Nagetiere bemerkt, muss man schleunigst Gegenmaßnahmen ergreifen.

Die Kellerrasseln, Nachtschnecken und Tausendfüßler sind ebenfalls recht unangenehme Schädlinge. Sie verlassen nachts ihre Schlupfwinkel und tun sich an den Champignonpilzen gütlich, fressen sie an und machen sie dadurch unansehnlich und unverkäuflich. Man fängt sie am besten in halbierten, ausgehöhlten Kartoffeln, in die man einige Kimmen einschneidet. Nach dem Fressen kriechen sie mit Vorliebe in diese Kartoffeln hinein und können dort eingesammelt werden. Am besten ist es, wenn man diese Kartoffelstücke mit der ausgehöhlten Seite nach unten an der Mauer entlang aufstellt. Bei starkem Befall reichen Papierstreifen nicht aus, um diese Schädlinge zu bekämpfen, man muss dann zu Stäube- oder Spritzmitteln greifen.
Nachtschnecken lassen sich nachts mit einem Licht von den Beeten absammeln.

Die ärgsten Feinde der Champignonzuchten sind allerdings die Pilzfliegen/Pilzmücken, deren Maden das Myzel und die Pilze zerstören. Es kommen verschiedene Arten vor, die zu der Familie der Myzetophiliden gehören.

Am gefährlichsten sind diejenigen Mücken mit lang gestrecktem, hinten spitzem Leib und stahlblau glänzenden Flügeln. Sie legen ihre Eier an und in den jungen Pilzen ab, die sich schnell entwickelnden Maden zerfressen die Pilze und bringen sie zum Absterben.

Weniger gefährlich sind die grauen Mücken, welche runde Flügel haben. Sie legen ihre Eier in den Dung und die Maden zerwühlen und zerfressen den Dung der Beete, die dadurch schwer geschädigt und ertraglos werden. Sie dringen aber auch von unten durch die Stiele in die Pilze ein.

Die Pilzfliegen machen sich, da sie dem Licht zustreben, besonders in der Nähe der Lichtquellen wie z. B. Fenstern bemerkbar, durch die sie auch in die Zuchträume eindringen können. Die Fenster müssen daher, wenn gelüftet werden muss, mit feinen Fliegengittern in einem passenden Rahmen verschlossen gehalten werden, um das Einfliegen, das besonders in den Abend- und Nachtstunden erfolgt, zu verhindern. Die in den Zuchträumen umherfliegenden Pilzmücken fängt man durch Klebestreifen, die man über den Beeten aufhängt oder an Stöcken aufstellt. Die Klebestreifen kann man sich selber herstellen, wenn man im Handel nichts Adäquates erhält.

Der Fliegenleim stellt man her aus 700 g Rüben- oder ähnlichem Öl, das man bis zum Siedepunkt erhitzt. Dann werden 1600 g fein zerstoßenes Kolophonium, auch *Kiefernharz* genannt, unter ständigem Umrühren langsam zugesetzt.

Die Mischung muss so lange kochen, bis alles Harz gelöst ist. Nach dem Erkalten ist der Leim gebrauchsfertig und wird auf Pergamentpapier mit breitem Messer oder Holzspachtel aufgetragen.

Um gleichzeitig auch andere Schädlinge zu bekämpfen, legt man Streifen des Leimpapiers auf die Zuchtbeete. Die Papierstreifen müssen öfter erneuert werden.

Reicht das Auslegen der Papierstreifen nicht aus, muss man Betäubungsmittel wie Tabak, Pyretrum oder Gesarol anwenden. Das Gesarol hat sich bei mir gut bewährt, es kann in trockener Form als Staubgesarol oder in Gießwasser gelöst als Spritzgesarol verwendet werden.
Bei Anwendung von Stäubemitteln muss darauf geachtet werden, dass die Zuchtbeete trocken sind, je 24 Stunden vor und nach dem Bestäuben dürfen die Beete nicht gegossen werden, sonst bleibt die Bestäubung wirkungslos.
Sind die Zuchtbeete bereits mit Erde bedeckt, wendet man besser Spritzmittel an, die mit der Gießkanne mit feiner Brause aufgesprengt werden. Auch durch Räuchern, Vernebeln oder Vergasen mit Tabak kann man die Zuchträume von tierischen Schädlingen aller Art befreien. Die Vergasung ist wöchentlich einmal zu wiederholen.
Alle Bekämpfungsmittel müssen mehrmals in Abständen von 3 – 5 Tagen angewandt werden, damit auch der Nachwuchs der Schädlinge vernichtet wird.

Sehr starken Schädlingsbefall, der mit den bisher genannten Mitteln nicht zu beseitigen ist, bekämpft man durch eine Gewaltkur: Man besprüht die verseuchten Beete mit einer Lösung von 50 – 80 g Obstbaumkarbolineum auf 10 Liter Wasser. Trägt die zu behandelnde Anlage bereits Pilze, müssen diese vorher abgeerntet werden. Spätestens nach 24 Stunden sind die behandelten Beete mit Madenleichen übersät.

Genügt eine einmalige Kur nicht, muss die Bespritzung nach 3 – 5 Tagen mit einer gleichstarken Lösung wiederholt werden. Der Nachteil der Obstbaumkarbolineumkur ist der, dass die Ernte der Champignons um 10 – 14 Tage verzögert wird – oder sogar ausbleiben kann, wenn das Pilzmyzel schon alt und geschwächt ist.

Gegen Springschwänze und Milben, die mitunter in ungeheuren Mengen auftreten, nimmt man eine Obstbaumkarbolineumkur vor, bei welcher die Lösung schwächer ist: 30 g Obstbaumkarbolineum auf 10 Liter Wasser.

Die bei Anwendung von Spritzmitteln etwa entstandenen Löcher in der Deckerde müssen durch Auftragen frischer Deckerde sorgfältig geschlossen werden. Welk gewordene, faulige oder absterbende Champignons müssen stets gründlich abgesucht und vernichtet werden. sie werden verbrannt oder im Garten tief vergraben. Keinesfalls dürfen sie auf dem Komposthaufen oder gar in den Zuchträumen offen liegen bleiben, da durch sie eine Neuinfektion der Zuchtbeete hervorgerufen werden kann.

Bestäubungsmittel werden mit Handschweflern oder bei größerem Umfang der Anlage mit Verstäubern aufgetragen.

Nach Möglichkeit sorge man dafür, dass Schädlingsplagen noch in den ersten Anfängen und gleich gründlich bekämpft werden, bevor sie großen Umfang annehmen. Man muss alle angestochenen und mit Maden durchsetzten Pilze sorgfältig sammeln, aus dem Keller entfernen und verbrennen.

Wenn man mit der Sciarafliege zu kämpfen hat, ist es gut beim Kalken der Keller oder der anderen Räume dem gewöhnlichen Kalk Doppel-Schwefelsäure-Kalk beizumischen.

Gegen die meisten in den Kulturen auftretenden tierischen Schädlinge, wie Milben, Springschwänze und Mücken, geht man heute nicht mehr mit Leimringen etc. vor, sondern mit Insektiziden. Es gibt diese Mittel zum Stäuben und Spritzen, also trocken und flüssig. Diese Mittel haben den Vorteil, dass man auch bereits im Ertrag stehende Beete damit behandeln kann, da weder das Ansehen noch der Geschmack der Champignons beeinträchtigt wird.

## Schädlinge der pilzlichen Art

Aber auch schädliche Pilze treten auf, die die Champignonkulturen beeinträchtigen oder auch ganz vernichten können.

Wenn man Gestellanlagen betreibt oder überhaupt Bretter bei seinen Kulturen verwendet, stellen sich oft Holz zerstörende Pilze ein, die sehr stark wuchern und sich auf den Champignonbeeten durch weiße Schimmelstellen bemerkbar machen. Untersucht man diese Stellen, so findet man sehr starke Myzelfäden, die im Gegensatz zum Champignonmyzel, das immer seinen charakteristischen lieblichen Geruch behält, oft einen ausgesprochenen muffigen Geruch aufweisen. Soll das viel stärker wachsende Myzel diese Pilze nicht das Champignonmyzel der ganzen Anlage unterdrücken, muss man die angegriffenen Stellen sofort herausnehmen und durch neuen, mit frischet Brut gespickten Dung ersetzen.

Hat die Infektion aber schon einen großen Umfang erreicht, ist es besser eine Neuanlage zu machen. Vorher ist natürlich der Kulturraum sorgfältig zu säubern, ausgiebig auszulüften, zu desinfizieren, stark zu kalken und gründlich auszuschwefeln.

Solche, die Champignonzucht gefährdenden Holz zerstörenden Pilze sind: der sehr häufige Kellerschwamm (Coniophora cerebella), mit anfangs weißem fein strähnigem, später schwarzbraunem dick strähnigem muffig riechendem Myzel, der Porenschwamm (Poria vaporaria) mit schneeweißem wolligflockigem Myzel, und als gefährlichster Schädling der echte Hausschwamm (Merulius lacrimans) mit sehr verschieden gefärbtem weiß, gelb, rosa und sehr verschieden gestaltetem fein strähnigem Spinngewebe, ähnlichem weißem bis fast papierartigem oder stangenförmigem grauem Myzel.

Wo der Hausschwamm zur Fruchtkörperbildung kommt, bildet er äußerst zarte, gegen jede Berührung überempfindliche schneeweiße Watten, die bald in der Mitte zusammensinken, gelbbraun werden und wabenförmige Bildungen zeigen, den beginn der Fruchtkörperbildung. Diese werden lederfarben mit schneeweißem Rand, solange sie noch in der Ausbildung begriffen sind. Die gelbbraunen Waben oder auch zahnförmigen Gebilde sind die Fruchtschicht, in welcher ungeheure Mengen von braunen Sporen gebildet werden, die wie Tabakbrauner Staub die ganze Umgebung der Fruchtkörper bedecken. Myzel und Fruchtkörperbildungen des Hausschwammes riechen frisch und angenehm pilzartig.

Die feinen Sporen des Hausschwammes werden durch die leisesten Luftströmungen weit verbreitet, können daher auf alle Holzteile der Champignonzuchtanlagen gelangen und diese in Gefahr der Vermorschung bringen, da sie sowohl auf altem wie auf frischen Holz keimen können. Daher müssen alle gefundenen Fruchtkörper sofort eingesammelt und verbrannt werden, da von ihnen aus gesundes Holz infiziert werden kann.

Der Hausschwamm ist der gefährlichste Holzzerstörer der Champignonbauten, auf dessen Auftreten der Champignonzüchter scharf zu achten hat, wenn er sich vor schwerem Schaden bewahren will. Ähnliche Schäden am Holz rufen der sehr häufige Kellerschwamm (Coniophore cerebella) und der Porenschwamm (Poria vaporaria) hervor, die aber größere Feuchtigkeit als der Hausschwamm benötigen. Weniger gefährlich ist der Kellerkrempling (Paxillus acheruntisus), weil er langsamer wächst, als alle anderen Holzzerstörer, und viel Feuchtigkeit braucht.

Zur Vermeidung des Auftretens dieser Holz zerstörenden Pilze darf nur ganz gesundes, mit Hausschwamm-Karbolineum oder einem anderen wirksamen Schwamm-Schutzmittel behandeltes Holz verwertet werden. Dieses muss aber, bevor Dung und Brut in die Gestelle eingebracht werden, wieder völlig ausgetrocknet sein, weil sonst die Schwamm-Schutzmittel hemmend auf das Wachstum der Champignons wirken.

Wird der Dung mit Erde, besonders mit Lauberde gemischt, besteht die Gefahr der Einschleppung Humus bewohnender Pilze wie z. B. Kellerritterlinge (Tricholoma conglabatum), Rüblinge (Collybia confluens), Trichterlinge (Clitocybe dealbata) und andere, die durch ihr Wachstum dem Champignonmyzel die Nahrung nehmen.

Tricholoma conglobatum, der im Spätherbst auf Rasenflächen wächst und unter den Namen *Frostrasling* oder *Knäuselritterling* als wohlschmeckender Speisepilz bekannt ist, erreicht in Champignonkulturen sehr bedeutende Größe und bildet dichte knäulige Rasen, die den Champignon völlig verdrängen können. Da er häufig abnorme Fruchtkörper bildet, auf langen braunen Stielen mit einer Fruchtschicht, die aus röhrenartigen Bildungen besteht, wird er von manchen Champignonzüchtern als der *braune Langstiel* bezeichnet.

Das Auftreten solcher Humus bewohnenden Pilze wird vermieden, wenn kein Blätterhumus von Buchen dem Stroh beigemischt wird, keinesfalls darf der Blätterhumus frisch sein.

Diese Pilze sind als Schädlinge in Champignonkulturen verhältnismäßig harmloser Natur, da sie leicht zu entfernen sind. Viel bösartiger sind dagegen zwei Gruppen von Kleinpilzen, welche ganze Champignonzuchten vernichten können: der weiße Wirtelschimmel (Verticillium agaricinum), der Weichschimmel (Mycogone perniciosa) und verwandte Arten der Krüppelschimmel. Beide gehören der Gruppe der unvollkommenen bekannten Pilze an und bewirken ein schnelles Verfaulen der Champignons. Der weiße Wirtelschimmel überzieht die Champignons mit feinem weißem watteartigem Myzel und breitet sich außerordentlich schnell aus. Der Krüppelschimmel ruft eine außerordentliche Verdickung der Stiele unter Verkrümmung hervor, während die Hüte winzig klein bleiben. Die befallenen Champignons verfaulen von unten her sehr schnell und diese bösartige Krankheit, die auch unter dem Namen *Mollekrankheit* oder *Weichfäule* bekannt ist, breitet sich schnell über die Beete aus. Bei beiden Krankheiten, Weichfäule und Krüppelfäule, muss die ganze Zucht abgeräumt und alles gründlich desinfiziert, der Zuchtraum vollständig neu gekalkt werden.

Das Auftreten der Weichfäule und Krüppelfäule gefährdet die Wirtschaftlichkeit der Zucht in hohem Grade und hat schon manchem Züchter den Ruin gebracht. Daher ist vorbeugen besser als heilen. Da die Weichfäule und Krüppelfäule Krankheiten sind, die durch parasitäre Pilze hervorgerufen werden, wäre

43

ihre Bekämpfung nur durch pilztötende Mittel möglich, die zugleich auch die Champignonpilze vernichten.

Weniger gefährlich ist die sogenannte Gipskrankheit, welche zwar auch die Champignons zum Verfaulen bringt, aber leichter zu heilen ist. Sie tritt auf, wenn der Dung zu stark alkalisch ist, PH-Werte höher als 7, 5 aufweist, also Fehler bei der Aufbereitung und Herrichtung der Zuchtbeete gemacht wurden.

Wenn die Champignonpilze im kleinen Zustande gelb oder braun werden, weich oder klebrig sind und nicht weiterwachsen, so ist immer ein Kulturfehler der Grund. Entweder ist die Luft im Kulturraum längere Zeit zu heiß und zu trocken gewesen oder man hat zu viel und mit zu kaltem Wasser gegossen. Auch direkte kalte Zugluft, anhaltend kühle Temperatur im Kulturraum oder auch Nahrungsmangel können zur Wachstumsstockung führen. Entfernung der erkrankten Pilze und genaue Beobachtung der Kulturvorschriften ist hier die einzige Rettung. Ist Nahrungsmangel eingetreten, so hilft ein Überspritzen mit auf 31 °C erwärmtem Wasser, dem man auf je 1 Liter 5 – 8 g Chile-Salpeter zugesetzt hat.

Wenn sich bei Sommerkulturen Gewitter entladen, muss man die Fenster öffnen. Sollten sich dann trotzdem die Pilze als weich und unbrauchbar erweisen, muss man sie entfernen und auf die Beete dann eine 1 cm hohe Schicht neuer sandiger Erde aufbringen.

Für die Bekämpfung dieser Schädlinge sollte man vor allem auf Sauberkeit in den Zuchträumen achten, außerdem muss die Deckerde steril gemacht werden. Der Champignon zieht seine Nahrung nicht aus der Erde, sondern aus dem Dung. Das Sicherste ist die Erde gründlich mit Dampf zu sterilisieren, so wie es fast jeder Gärtner heutzutage macht. Man kann dies aber auch mit 3 Prozent Obstbaumkarbolineum (ölfrei) machen, indem man die Deckerde damit anfeuchtet und mehrfach mischt.

Tritt trotzdem die Weichfäule auf, so muss man die Tragbeete restlos abpflücken, auch die kleinsten Pilze, und mit hochprozentiger Obstbaumkarbolineum-Lösung gießen.

Holz in Champignon Kulturen ist nach Möglichkeit zu vermeiden. Wo seine Verwendung sich trotzdem nicht umgehen lässt, muss das Holz mit einer Salzlösung (Wolmanit) getränkt werden, hinterher vierzehn Tage trocknen und auslüften.

## Bildungsabweichungen bei Champignons.

Bei Hutpilzen, zu denen ja auch der Champignon gehört, finden sich nicht selten Abweichungen von der normalen Gestalt der Fruchtkörper, die auf zu dichtes Wachstum, Verletzungen oder auf Befall durch Schmarotzerpilze zurückzuführen sind. Da der Champignon in Zuchten in großer Anzahl wächst, sind bei ihm solche Bildungsabweichungen nicht selten und fallen dem Züchter auf, weil diese abweichend ausgebildeten Pilze nicht verkaufsfähig sind.

Am häufigsten sind Verwachsungen von zwei oder sogar mehr dicht beieinanderstehenden Fruchtkörpern. Da die Champignons häufig nicht einzeln, sondern in größerer Anzahl in Platten aus dem Boden kommen, sind Verschmelzungen der Stiele oder Hüte nicht selten. Die Stiele können verwachsen, die Hüte aber getrennt bleiben oder die Hüte können zu einer Einheit verschmelzen, während die Stiele getrennt bleiben, oder Stiele und Hüte verschmelzen zu sonderbaren Gebilden.

Am Grunde der Fruchtkörperanlagen befinden sich stets junge Pilzanlagen, die mitunter von dem größeren Pilz emporgehoben und dabei aus dem Boden gerissen werden. Durch das Wachstum des größeren Pilzes können die emporgehobenen Pilze dann seitlich zu stehen kommen und sitzen dann schräg auf dem Hut des größeren Pilzes. Sie können aber auch bis auf den Scheitel des Hutes des größeren Pilzes gelangen und sitzen dann oben verkehrt auf dem Hut mit nach oben gerichtetem Stiel. Immer sind sie mit dem größeren Pilz verwachsen und werden von diesem ernährt, sie leben also wie ein Schmarotzer auf dem größeren Pilz. Sich selber ernähren können sie nicht, da ihr Stiel sich ja nicht im Boden befindet. Solche Bildungen nennt man *Reiterbildung*.

Da der Stiel der Fruchtkörper am längsten seine Wachstumsfähigkeit behält, während der Hut nach dem Aufschirmen der Pilze sein Wachstum einstellt, können vom Stiel unter Umständen Neubildungen erfolgen. Nach dem Gesetz der Korrelation werden vor allem die verloren gegangenen oder funktionsunfähig gewordenen Teile ersetzt. Funktionsunfähig wird bei Champignons z. B. die Fruchtschicht. Sind nun bei einer oben auf dem Scheitel des Hutes stehenden Reiterbildungen die Lamellen nach oben gerichtet, so werden sie funktionsunfähig und unter Umständen durch einen ganz neuen Hut ersetzt, der aus der Spitze des nach oben gerichteten Stieles gebildet wird. Es entstehen dann solche auffälligen Bildungen, als ob drei Pilze übereinandergewachsen sind.

Derartige Bildungsabweichungen sind nicht erheblich. Der Züchter braucht also nicht zu fürchten, dass seine Zucht durch solche Abnormitäten entwertet wird. Häufiger sind teilweise Neubildungen von Fruchtschichten, Lamellen ohne Stiel, sogenannte *Sprossungen*. Sie entstehen meist seitlich auf dem Hut, wobei die Lamellen nach oben gerichtet sind. Sie können mit Verbildungen des Hutes verbunden sein.

Weniger auffällig sind Abweichungen in der Ausbildung der Fruchtschicht, weil sie nicht mit so starken Veränderungen der ganzen Tracht der Fruchtkörper ein hergehen. So bilden die Pilze mitunter eine artfremde Fruchtschicht die nicht aus Lamellen, sondern aus Röhren besteht. Der Champignon sieht infolgedessen aus wie ein Röhrling, eine Boletus-Art, und könnte auch dafür gehalten werden, wenn er nicht mitten in einem Beet normaler Champignons gewachsen wäre. Solche sehr seltenen Bildungsabweichungen sind wissenschaftlich wertvoll, weil sie uns Hinweise auf die Verwandtschaft der Pilze geben, wie hier in unserem Falle, dass die Blätterpilze mit den Röhrlingen verwandt sind. Auch solche Bildungsabweichungen gehören als seltene und wichtige wissenschaftliche Belegstücke in ein botanisches Museum, nicht aber in den Kochtopf.

Schließlich können auffällige Bildungsabweichungen auch durch den Befall der Fruchtkörper mit Schmarotzerpilzen hervorgerufen werden. Beim Zuchtchampignon verursacht der Krüppelschimmel, hervorgerufen durch Mycogone-Arten, eine völlig Entstellung und Entwertung der Zuchtpilze. Die Hüte werden bis fast zum Verschwinden verkleinert, dafür der Fuß gewaltig verdickt klumpig, weswegen diese böse Krankheit auch als *Klumpfußkrankheit der Champignons* bezeichnet wird. Die verdickten Stiele verfaulen von innen heraus und die Fäule teilt sich dem ganzen Pilze schnell mit. Auf derartige Missbildungen muss der Züchter sein besonderes Augenmerk richten, weil es sich um eine sehr ansteckende Krankheit handelt, welche die ganze Champignonzucht vernichten kann.

# Die Ertragsfähigkeit der Champignonanlagen und die Verwertung der geernteten Pilze

Von Leuten, die Champignonanlagen einzurichten beabsichtigen, wurde oft die Frage an mich gerichtet, ob eine solche Kultur einen genügend hohen Reingewinn abwirft, dass eine Familie dadurch ein ausreichendes Auskommen erlangen kann. Andere Interessenten wieder wollten genaue Rentabilitätsrechnungen haben.

Derartige Fragen können nur dann vernünftig beantwortet werden, wenn man die gegebenen Verhältnisse ganz genau kennt.

Handelt es sich um eine große Anlage, in die erhebliche Geldmittel hineingesteckt werden sollen und müssen, so ist es immer ratsam, einen Sachverständigen heranzuholen, der die einschlägigen Verhältnisse an Ort und Stelle genau prüft und dann erst seinen Rat erteilt.

Bei kleineren Anlagen lässt sich die Sache sicher auch schriftlich erledigen, es ist dann aber unbedingt nötig, dass der Fragesteller ganz genaue Angaben macht.

Diese müssen enthalten:

- Eine Beschreibung der zur Verfügung stehenden Räume, die zur Champignonkultur verwendet werden sollen, mit Angabe der Wärmequellen.
- -Die Höhe des Mietpreises, wenn man keine eigenen Räume besitzt, die für die betreffenden Räumlichkeiten aufzuwenden sind.
- Den Preis und die Anfuhrkosten für den zur Anklage nötigen Pferdemist.
- Die Höhe der ortsüblichen Arbeitslöhne.
- Die Angabe, wie die geernteten Pilze verwendet werden sollen und die Angabe der Absatzmöglichkeiten.

Man darf nicht vergessen, dass es nicht allein darauf ankommt, Champignonpilze heranzuziehen, sondern man muss sich klar darüber sein, dass der finanzielle Erfolg einer derartigen Anlage in erster Linie davon abhängt, dass der Unternehmer die geernteten Pilze auch vorteilhaft verwerten kann. Hierzu gehören Verkaufs- und Verwertungsgeschick der Champignonzüchter, die sich durch die Befolgung von Anleitungen und Bücher, auch wenn diese noch so sorgsam ausgearbeitet sind, allein nicht erlernen lassen.

Einen wichtigen Anhalt für die Berechnung der Ertragsfähigkeit einer Champignonanlage gibt der Umstand, dass man bei richtiger angelegten Champignonbeeten mit einem Ertrag von 3 – 4 kg Pilzen pro Quadratmeter rechnen kann. Die Angaben spekulativer Champignonbrut-Verkäufer, die den Abnehmern ihrer Brut viel höhere Ernteerfolge versprechen, sind falsch und ich warne ausdrücklich davor, Ertragsberechnungen auf solch unrichtigen Angaben aufzubauen.

# Die Schwierigkeiten der Champignonzucht

Wo ist es am besten, um eine Champignonzucht zu starten, welches ist der beste Ort.

In den Großstädten gibt es sehr viele alte Luftschutzkeller und Bunker, die für die Champignonzucht geeignete Räume anbieten, doch nur sehr wenige solcher Bauten sind wirklich brauchbar. Eine sorgfältige Prüfung auf ihre Eignung ist notwendig. Geeignet erwiesen sich unbenutzte saubere Tunnelbauten der Untergrundbahn oder Bergwerkstollen.

Die wichtigste Frage ist jedoch die Beschaffung des geeigneten Dungs, der nur dann brauchbar ist, wenn er von Pferden stammt, deren Fütterung gleichmäßig ist. Er muss laufend in ausreichender Menge für die ständige Neuanlagen der Zuchtbeete und ohne große Transportschwierigkeiten zu beschaffen sein.

Auf dem Land liegen die Verhältnisse etwas günstiger, aber der Absatz der Ernte stößt auf Schwierigkeiten, die Aufbereitung des Dungs macht sehr viel Arbeit, zu der nicht immer die nötigen Fachkräfte zur Verfügung stehen. Die Entstehungskosten der Ernte sind jedenfalls sehr hoch, was sich wieder auf den Absatz ungünstig auswirkt.

In den letzten paar Jahren hat die starke Nachfrage nach Champignonbrut für Neuanlagen von Zuchten viele Champignonzüchter veranlasst, ihre Betriebe auf Gewinn durch Champignonbrut abzustellen.

Die großen Schwierigkeiten mit der Beschaffung des geeigneten Dungs und seine umständliche Aufbereitung, die in den letzten Jahren immer wieder auftraten, veranlassten viele Champignonzüchter dazu andere leicht zu züchtende Pilze in

Kultur zunehmen. Es handelt sich hierbei um auf Holz oder Humus gut gedeihende Pilze. Diese Versuche sind nicht neu, aber der Erfolg entsprach früher nicht den Erwartungen, die Versuche wurden daher wieder aufgegeben.

Unter den Holz bewohnenden Pilzen sind z. B. Stockschwämmchen und Austernseitling mit Erfolg gezüchtet worden. Bei den Humus-Bewohnern lässt die große Auswahl derzeit noch kein Urteil zu, welche Arten besonders geeignet sind. Leider scheiden die am meisten geschätzten Pilze aus, wie z. B. Pfifferlinge, Steinpilze und Maronen, weil sie infolge biologischer Eigenarten als *Mykorrhiza Bildner* sich in der Praxis nicht züchten lassen. Es liegt eben in der Natur der Pilze, dass sie der praktischen Züchtung viel größere Schwierigkeiten bereiten als z. B. Kartoffeln, Getreide und Gemüse. Es fehlen nicht nur die langjährigen, praktischen Erfahrungen, sondern-meist auch noch die grundlegenden Erkenntnisse über ihr Leben und Wesen in der Natur.

Es ist daher kein Zufall, dass der Zuchtchampignon bisher der einzige erfolgreich gezüchtete Speisepilz bleibt.

# Ergebnisse neuester Studien von Forschungen

## Älchen

Als Grund für viele Rückschläge im Ertrag und für eine sogenannte Bodenmüdigkeit der Kulturräume, hat man einen wichtigen tierischen Schädling namens Älchen (Nemetoden) festgestellt. Er ist nur unter dem Mikroskop erkennbar. Auch Gartenbaubetriebe leiden unter ihm.

Leider gibt es noch kein Insektizid gegen diesen Schädling, erst bei einer Temperatur von über 58 Gradsterben die Älchen ab. Wenn auch beim Vorbereiten des Dungs derartige Temperaturen in der Mitte des Haufens erreicht werden, so bleibt doch der äußere Rand infiziert, ebenso die Deckerde. Um ganz sicher zu gehen, müsste man also Mist und Deckerde bei 50 – 60 °C in einem Dampfraum mit ausströmendem Dampf pastenrisieren.

## Kurzzeit-Kompostierung

Hierzu gehört ein gut isolierter Raum, den man mit ausströmendem heißem Dampf auf 60 °C aufheizen kann, außerdem Kisten mit einer Grundfläche von 1 m² und einer Höhe von 70 cm.

1. Phase:

Der Pferdemist geht unter sehr starkem Anfeuchten durch die Zerreißmaschine, wird fest aufgesetzt (am Rand getreten) und an den Außenflächen fest mit der Schaufel angedrückt. Der Haufen soll unter möglichst wenig Luftzufuhr stehen.

Nach zweit Tagen wird mit der Maschine umgesetzt, Wasser zugefügt und wieder fest angesetzt.

Nach weiteren drei Tagen wird dies wiederholt und nach weiteren fünf Tagen ist die erste Phase beendet, der Mist ist braun und sehr feucht, aber noch hart in sich und strohig.

2. Phase:
Der Dung wird möglichst locker in Kisten gefüllt. Im Dampfraum werden die Kisten übereinanderstellen, mit einem Zwischenraum von 6 cm. Nach dem Aufheizen des Raumes und des Inneren der Kisten auf 60 °C wird diese Temperatur 48 Stunden gehalten.

6 – 8-mal am Tag werden eine Viertelstunde lang alle Türen und Luftklappen geöffnet und Sauerstoff hineinlassen. Nach Ablauf der 48 Stunden sind die Kisten auf 24 °C abzukühlen und zu spicken.

Wenn jetzt noch ein gut isolierter Anwuchsraum vorhanden ist, den man 14 Tage auf 25 °C halten kann, sind die Kisten am Schluss durchsponnen, können gedeckt und in die Kulturräume mit 25 °C gestellt werden.

Man kann aber auch alle drei Stadien –Pasteurisieren, Anwachsen und Tragen der Kisten in ein und demselben literarisierten Champignonhaus ablaufen lassen.

**Synthetischer Kompost**
Hiervon sind verschiedene Rezepte veröffentlicht worden, sei es auf Mais, Heu, Stroh oder Sägemehl. Ich hab es mit Mais und Stroh gemacht.

Zeitfracht Medien GmbH
Ferdinand-Jühlke-Straße 7
99095 Erfurt, Deutschland
produktsicherheit@kolibri360.de